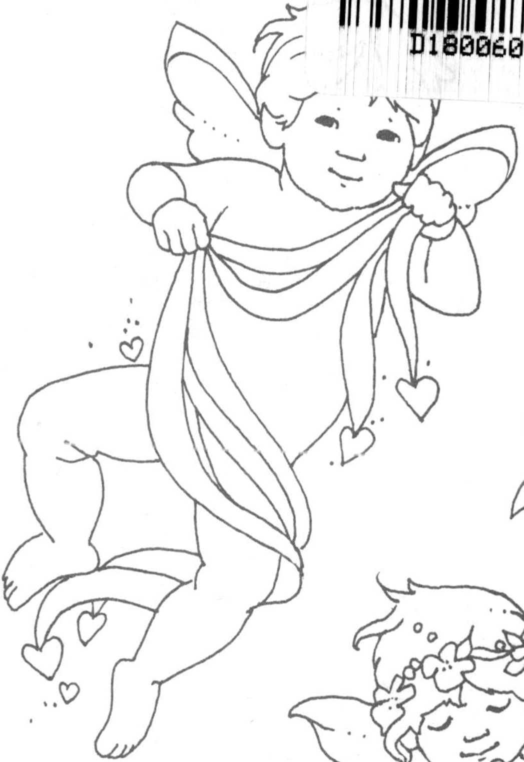

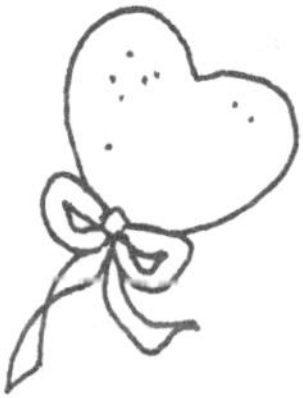

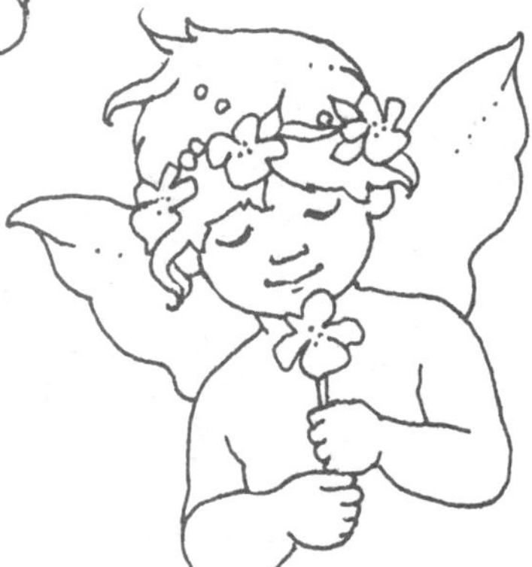

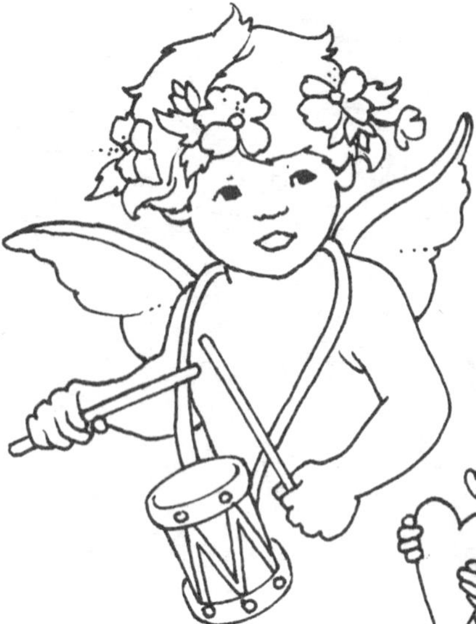
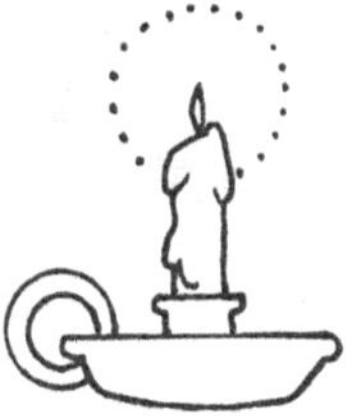
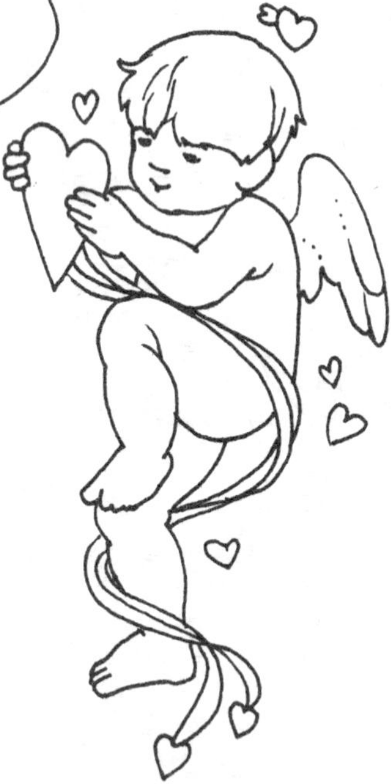
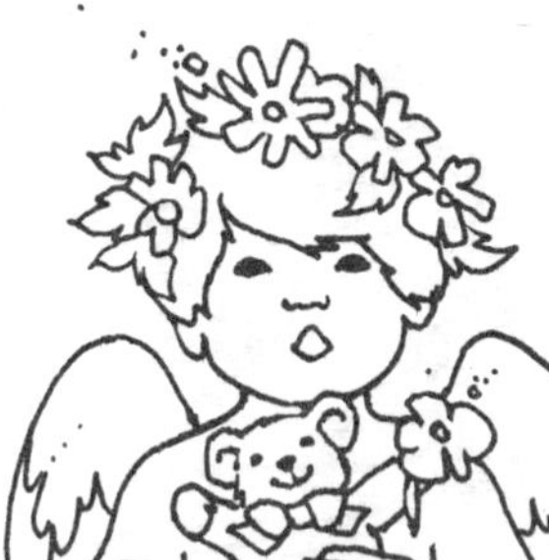

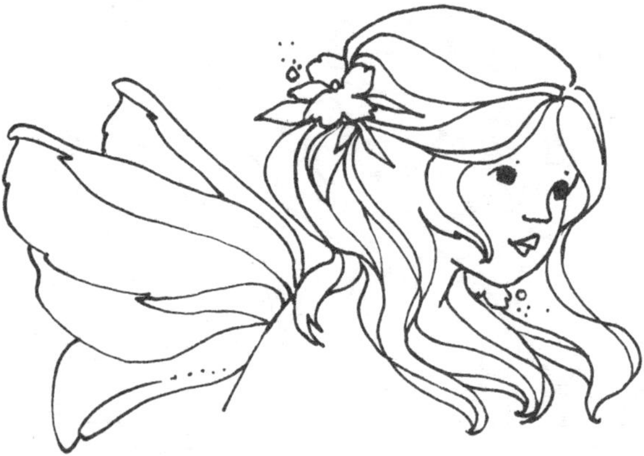

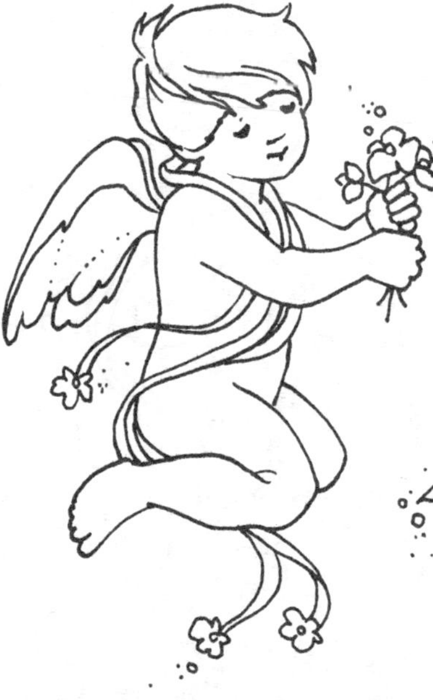

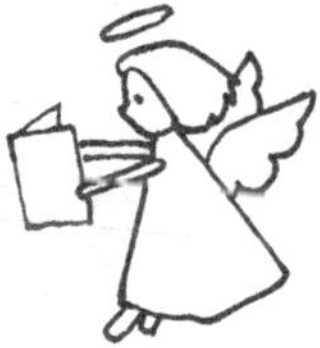

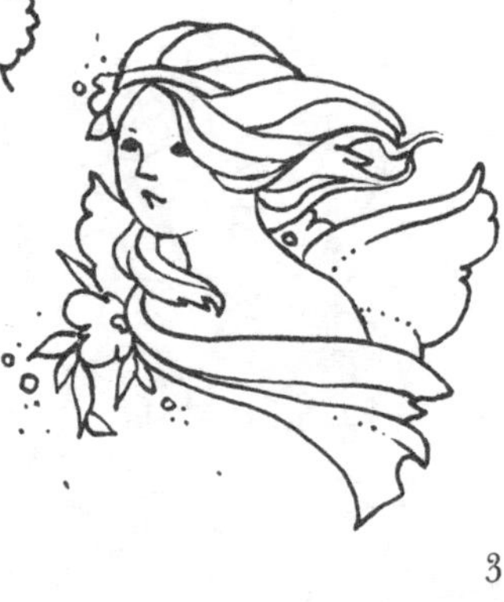

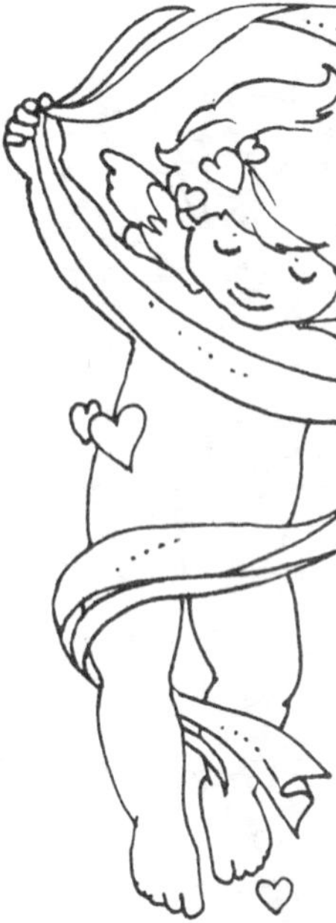

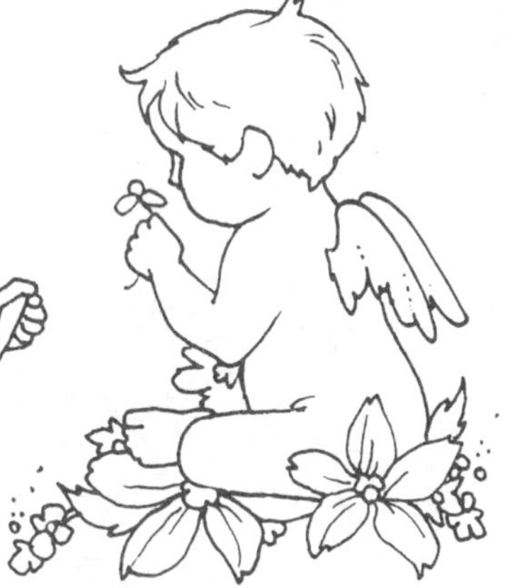

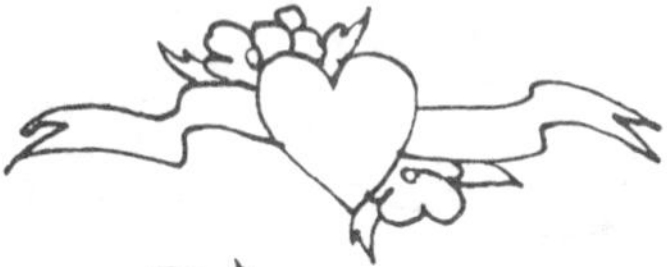

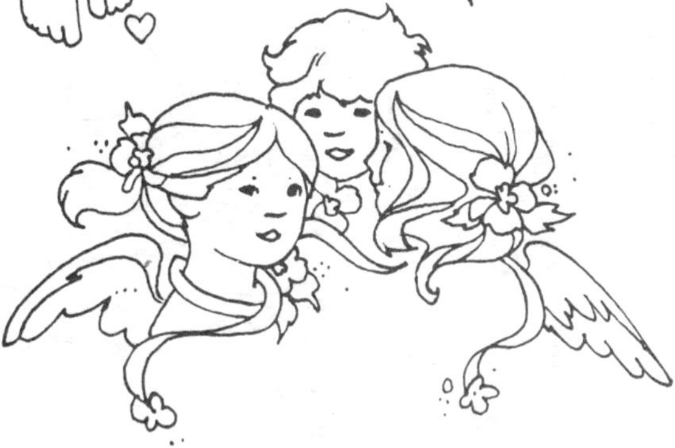

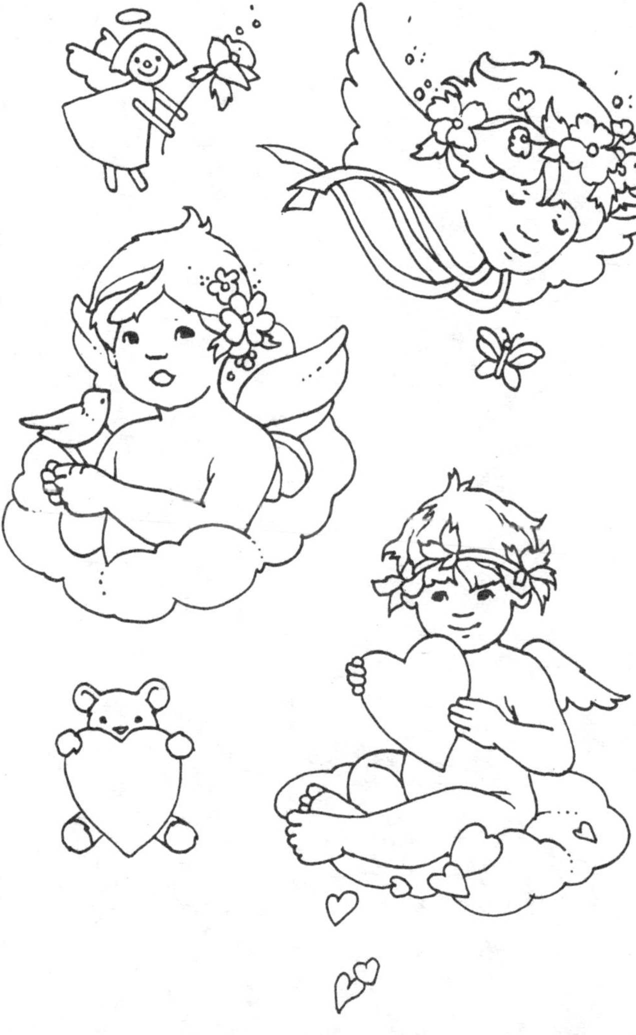

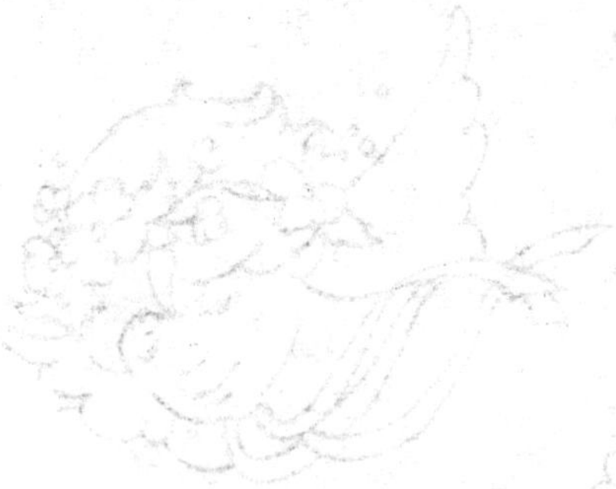
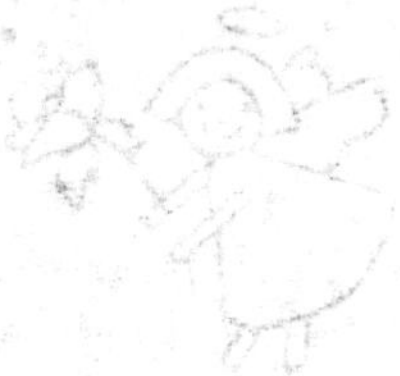

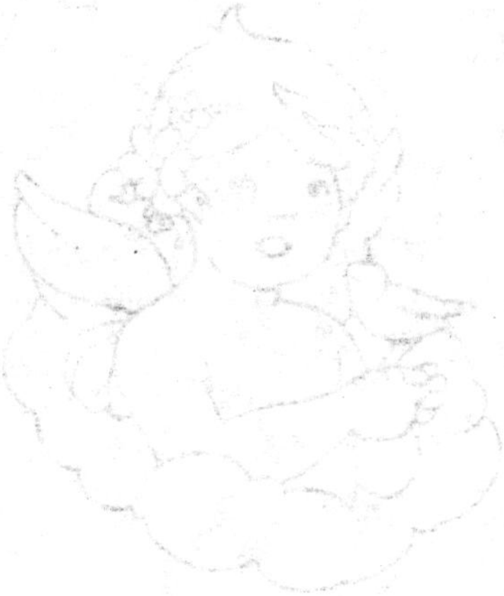
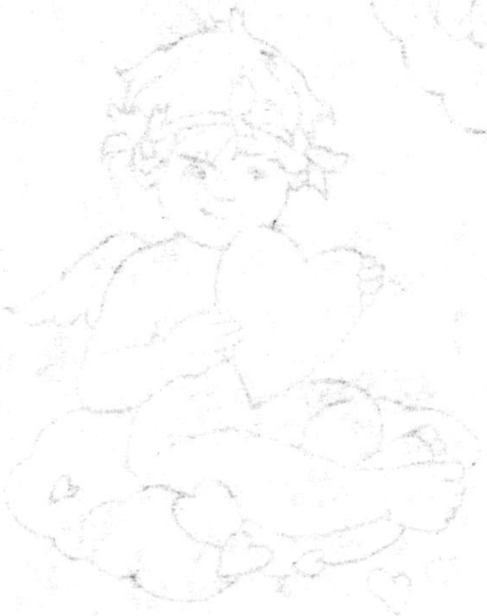

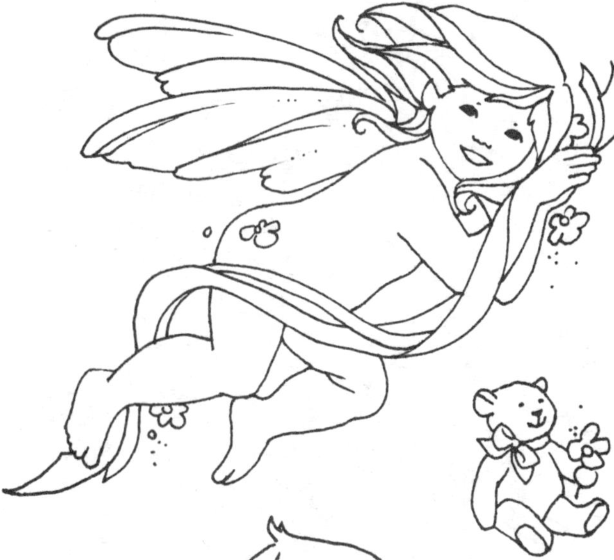
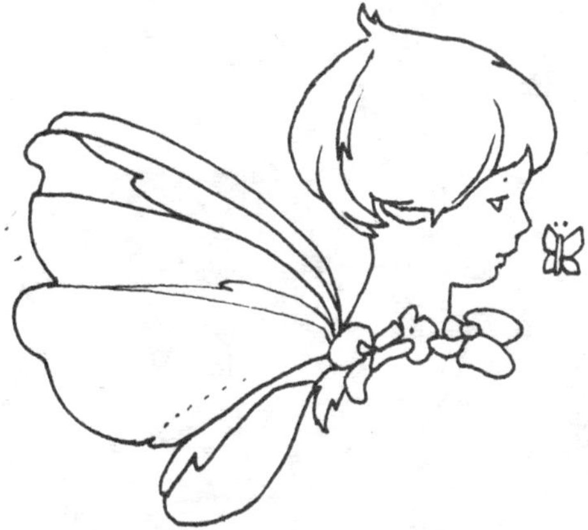
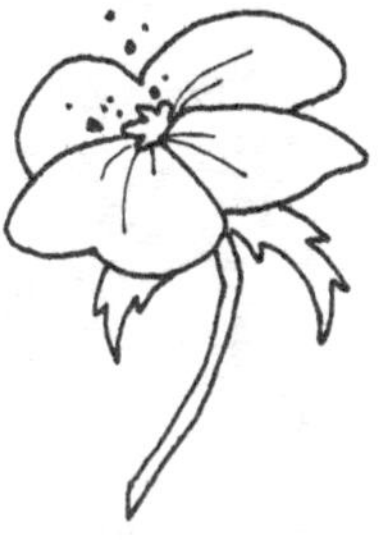

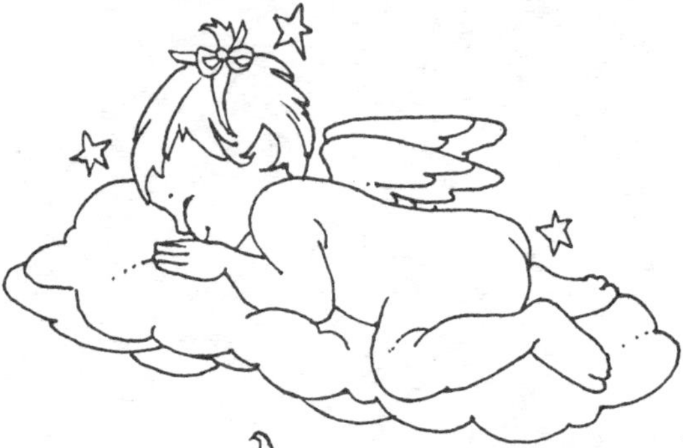

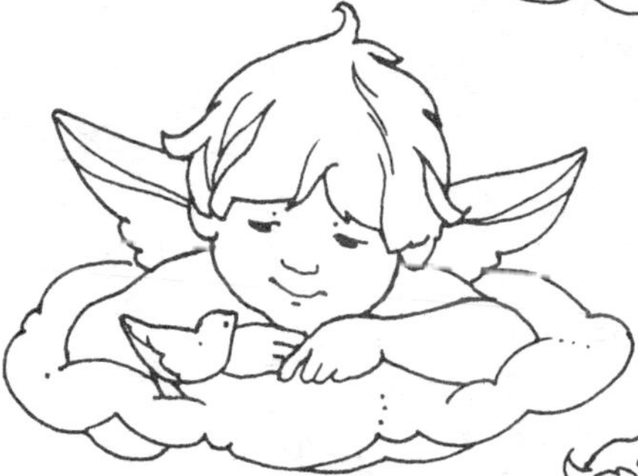

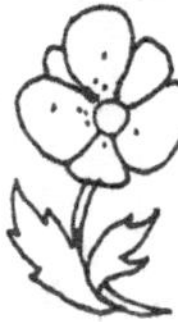

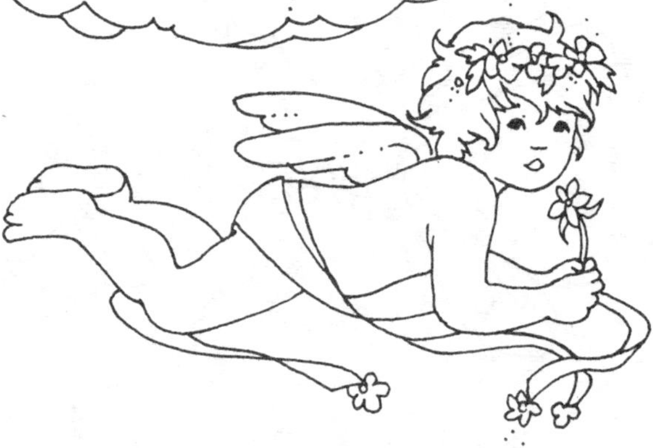

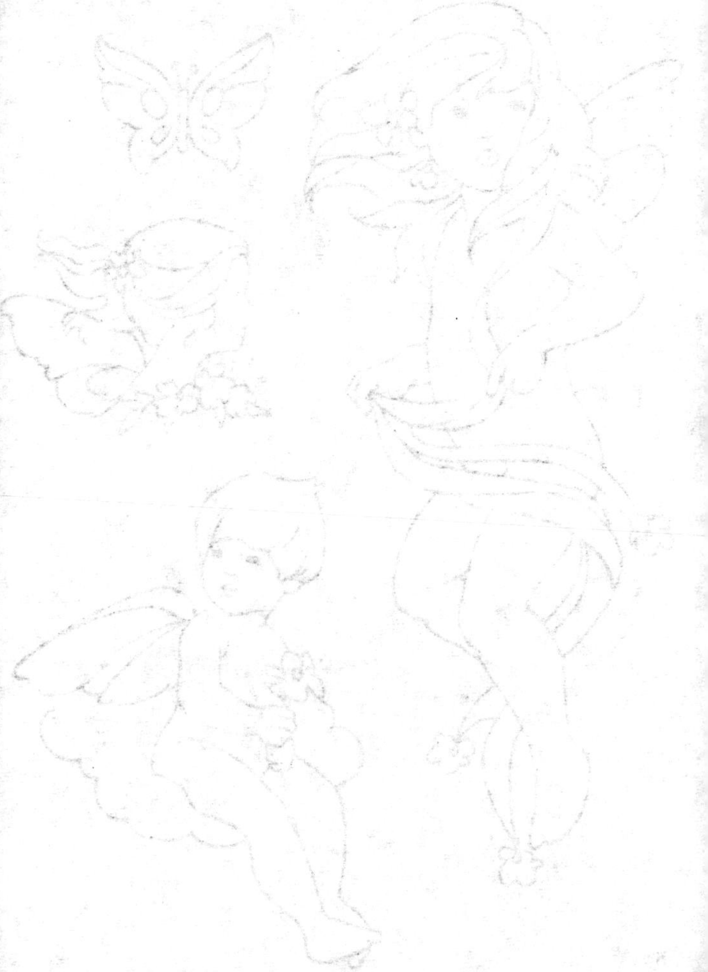

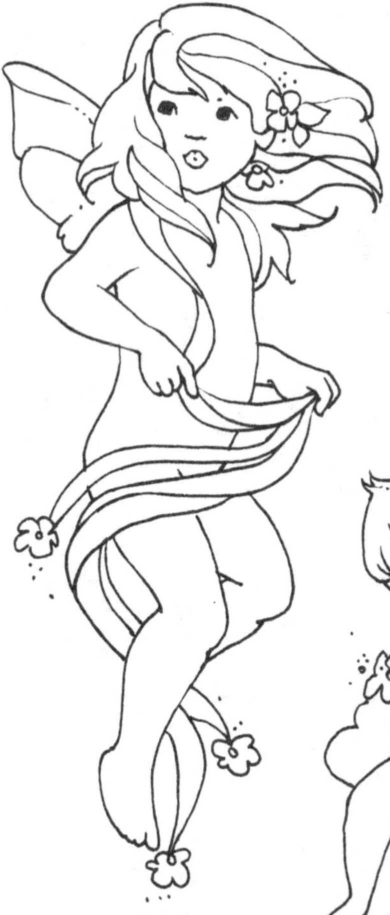

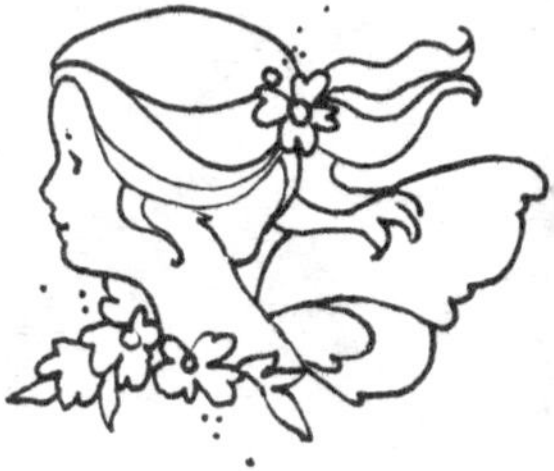

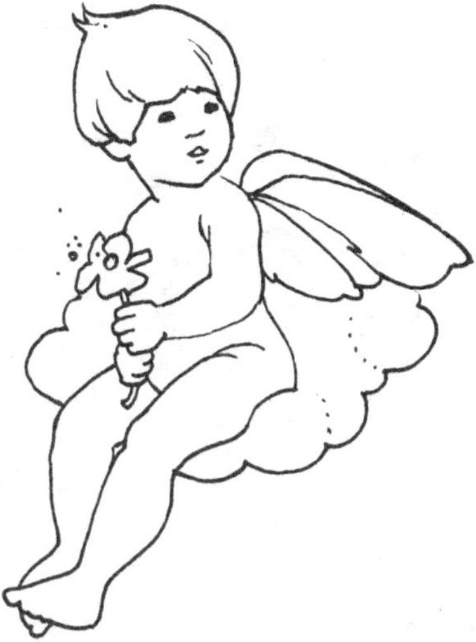

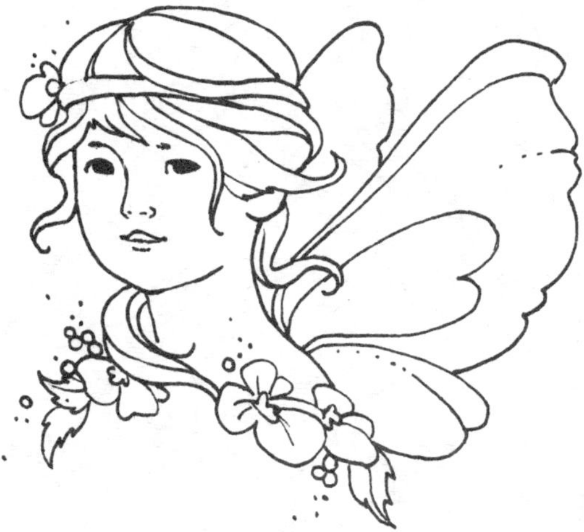

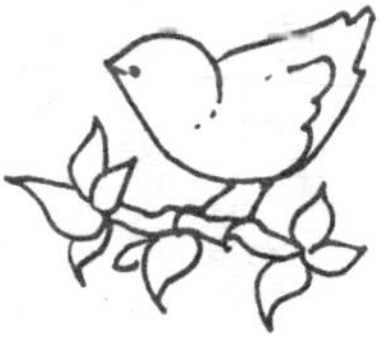

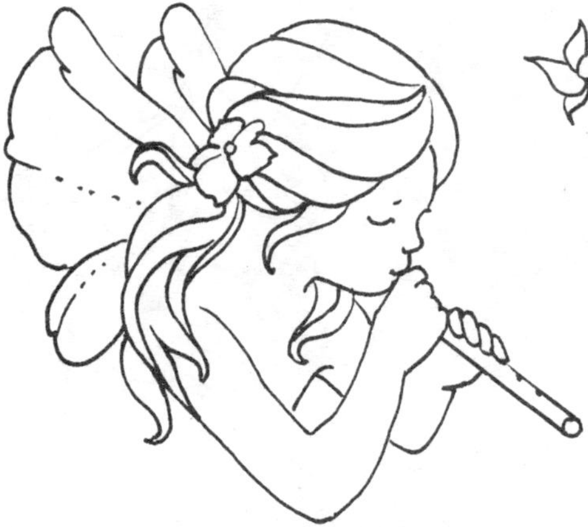

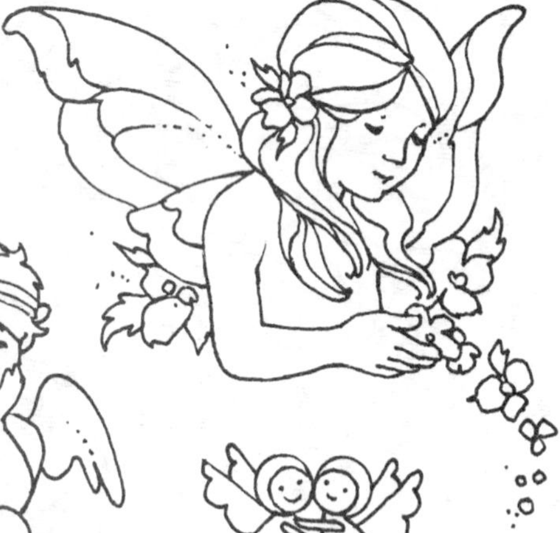

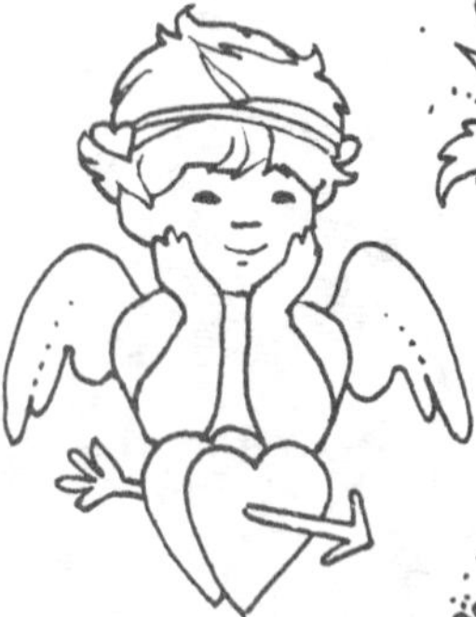

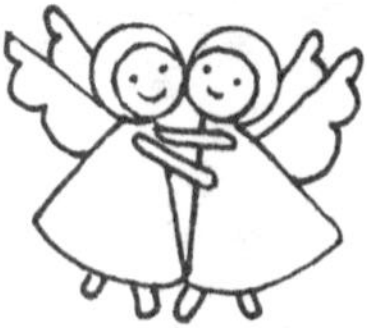

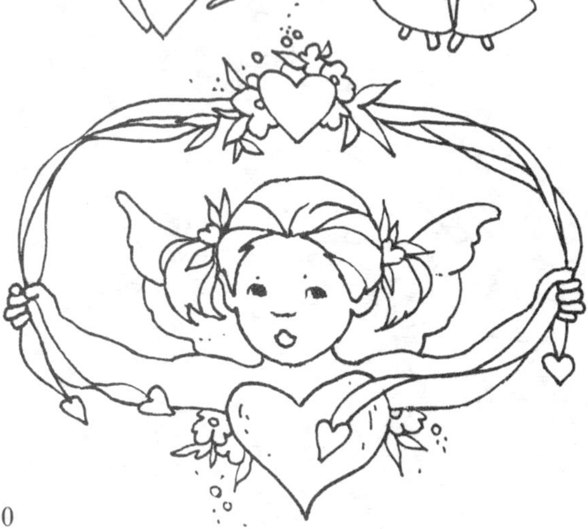

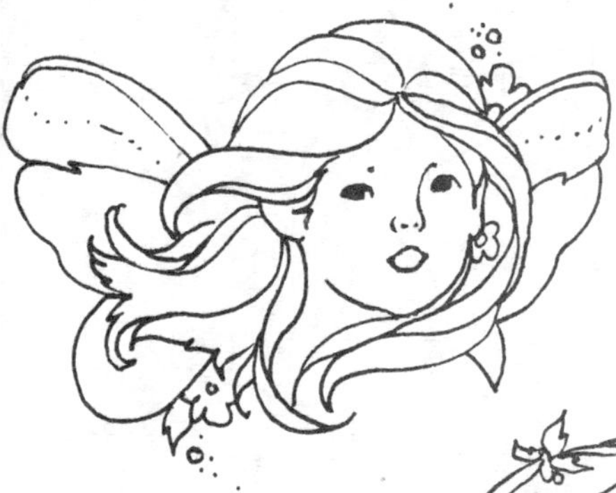

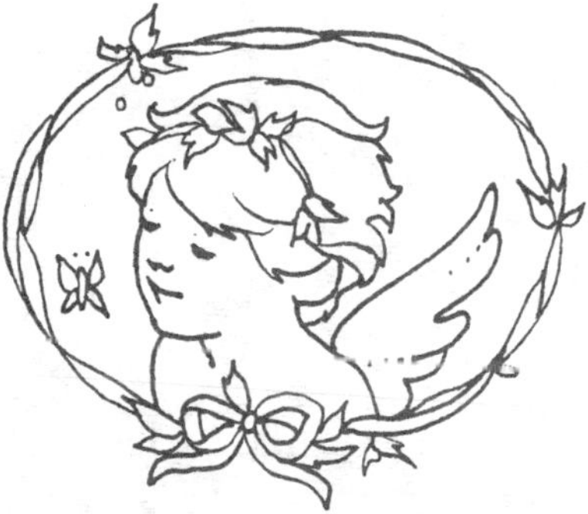

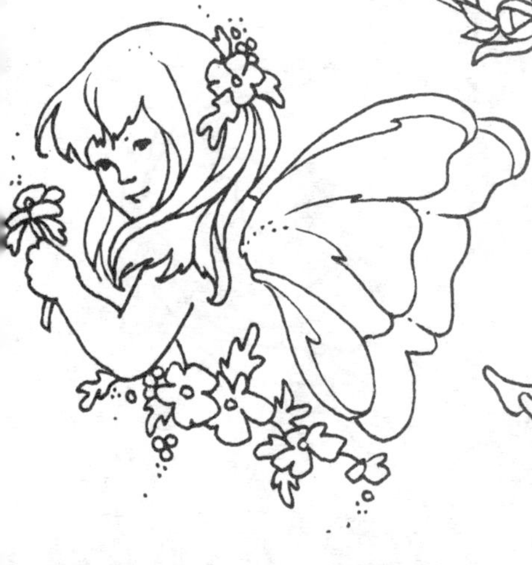

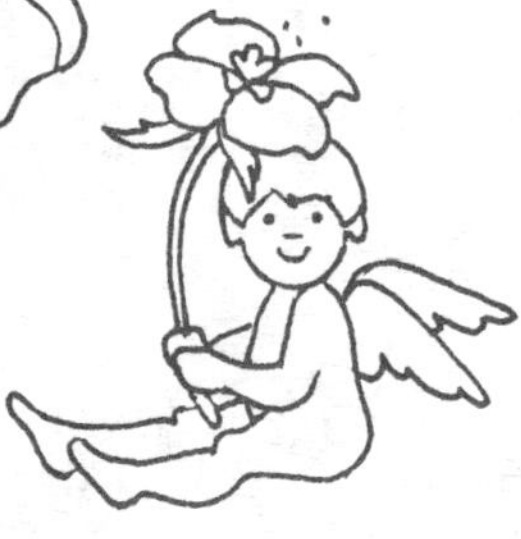

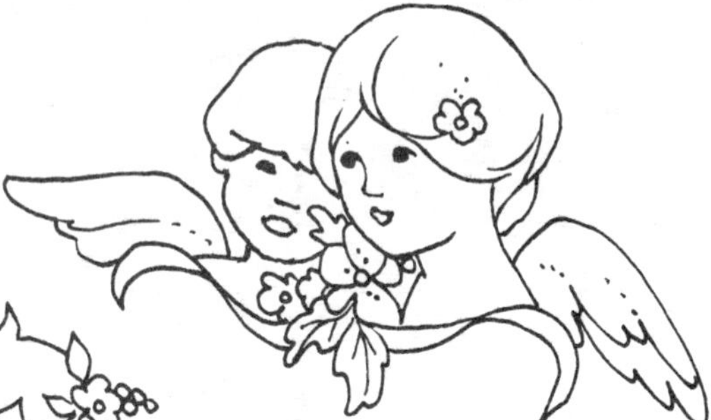

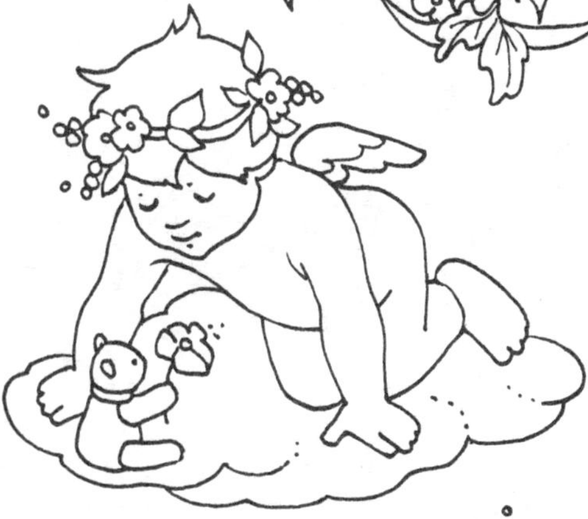

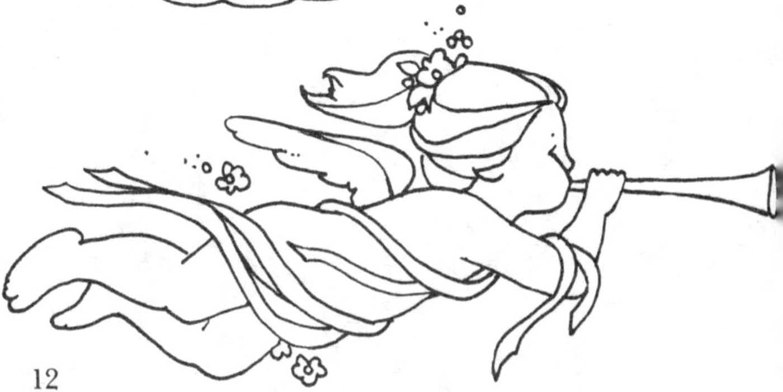

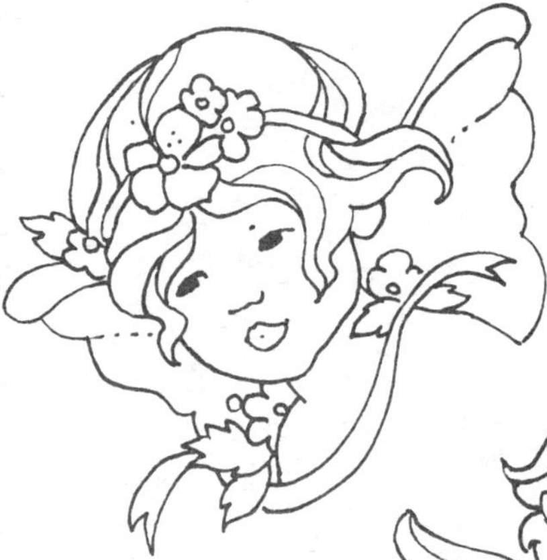

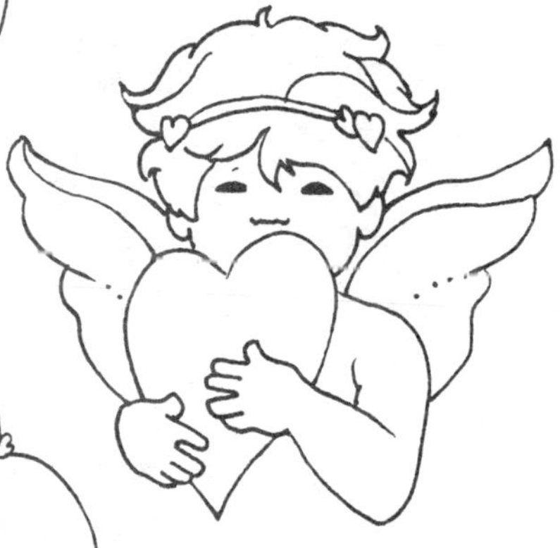

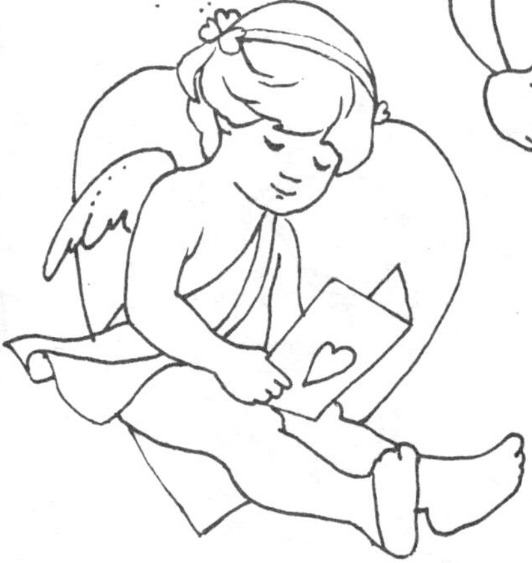

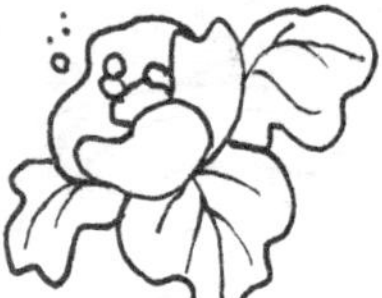

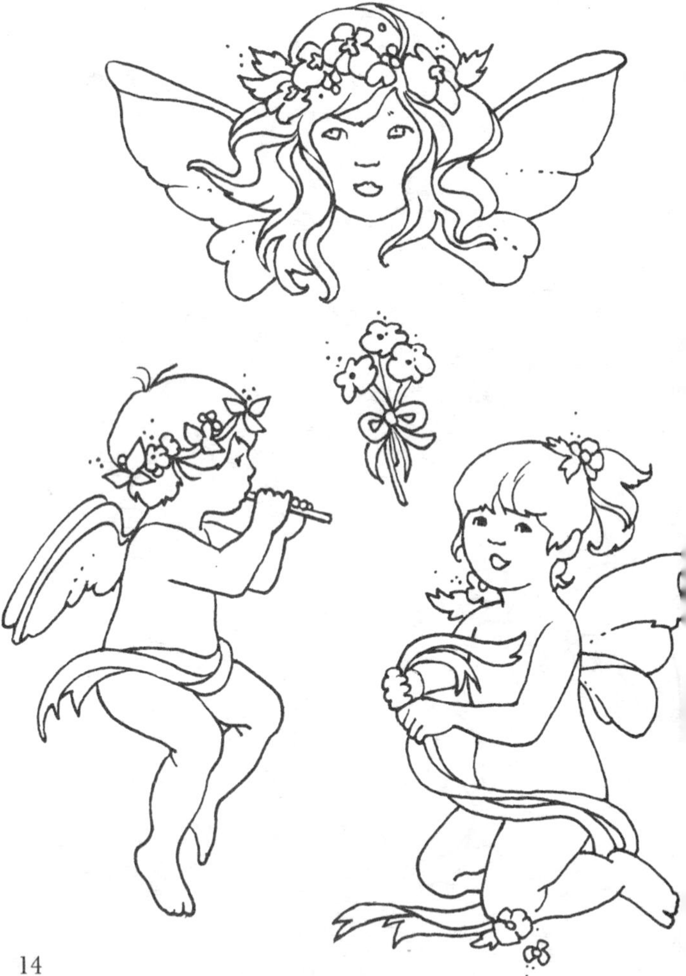

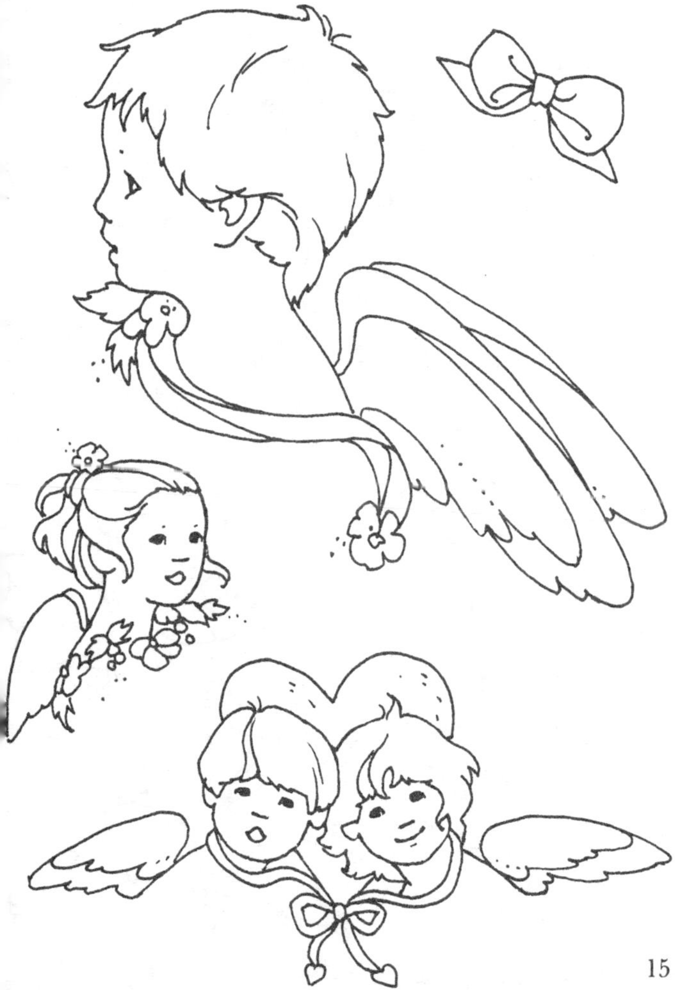

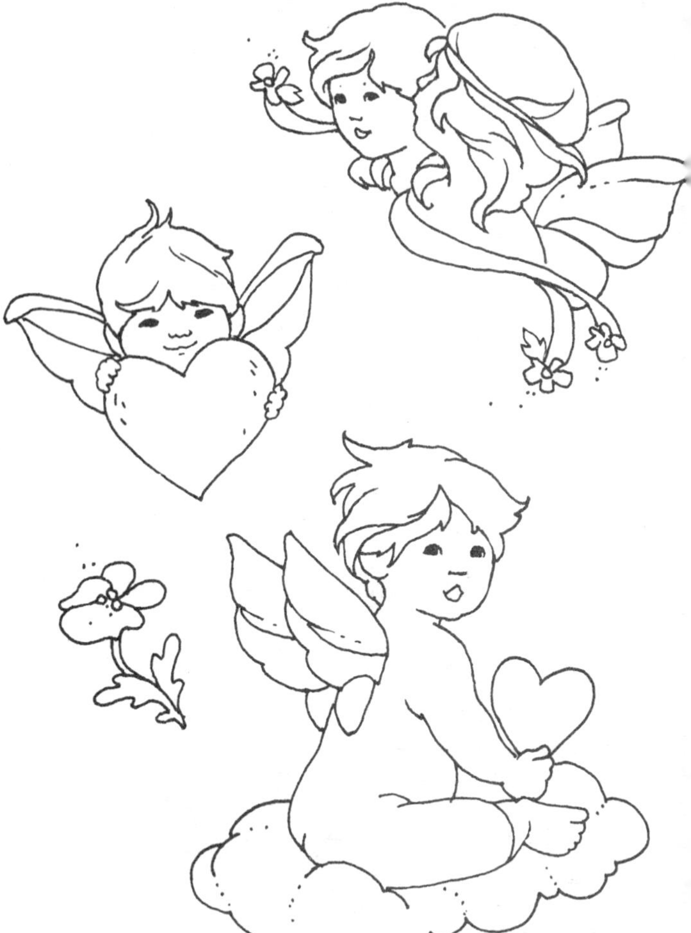